Colección **Poesía por otros medios**

El nombre de la colección *Poesía por otros medios* hace referencia explícita, a modo de homenaje y toma de posición, al libro realizado en 2006 por el Grupo Surrealista de Madrid junto a otros colectivos, *Situación de la poesía (por otros medios) a la luz del surrealismo*.

Conscientes de que la *poesía por otros medios* es otra cosa distinta de la escrita, en verso o en prosa, que aparece en estas páginas, pretendemos y deseamos, al menos, que su contenido y/o su forma sirvan para alentar, en un camino de ida y vuelta, esa otra *poesía* para la *revolución de la vida cotidiana*.

Título: *Proceso de autoborrado*
Textos: *Elena Pedrosa*
Prólogo: *Inés Mendoza*

Ilustración de portada: *Elena Pedrosa:* Autoborrado
Fotografía del colofón: *Elena Pedrosa*
Diseño de cubierta: *Elena Pedrosa / Ediciones Fantasma*
Corrección y maquetación: *Jose A. Miranda / Ediciones Fantasma*
Málaga, junio 2024

Impreso por: *Podiprint*
ISBN: 978-84-128342-0-8
Depósito legal: MA 2107-2024

Ediciones FANTASMA
edicionesfantasma.com
edicionesfantasma@gmail.com

PROCESO DE AUTOBORRADO

Elena Pedrosa

EDICIONES Y DISTRIBUCIONES

LA POESÍA COMO DESVELAMIENTO

Inés Mendoza

La libertad es una carga pesada, extraña y abrumadora para el espíritu que ha de llevarla. No es cómoda. No es un regalo que se recibe, sino una elección que se hace, y la elección puede ser difícil.

Úrsula K. Le Guin

Dijo el poeta André Breton que la poesía ha de expresar el contenido latente de una época. Una premisa que *Proceso de autoborrado* cumple a cabalidad. Porque en efecto, la poesía es el medio del que se vale la fotógrafa, artista visual, escritora y editora Elena Pedrosa a lo largo de estas páginas para señalar el peligroso contenido oculto de ciertas doctrinas que se van asentando en las sociedades occidentales; un nuevo discurso único totalitario que, en la historia reciente, empieza a ser percibido como admisible y hasta "normal". Personal como toda poesía lo es, el volumen que el/la lector/a tiene en sus manos es por un lado el testimonio de una evolución íntima y por otro un manifiesto libertario. Y es que quizá no haya impulso más genuino, vocación más ligada al fenómeno poético que el principio de libertad, a condición de que rehúya cualquier sesgo abstracto. Pero lejos de caer en vaguedades, *Proceso de autoborrado* sondea el trasfondo de situaciones concretas de la vida contemporánea que afectan a los individuos. Para preguntarse por su contenido latente, Pedrosa se apoya en estrategias poéticas tan originales como brillantes que provienen de las vanguardias. Y lo hace, además, sin perder un ápice del atributo universal que distingue a la mejor poesía.

Dividido en dos grandes secciones, "El olor de la mudanza" (que a su vez contiene otras tres) y "Proceso de autoborrado", la trayectoria lectora que propone este volumen atestigua las vicisitudes de una transformación identitaria que jamás olvida los vínculos problemáticos que el sujeto mantiene con el mundo. Nada que ver, aclarémoslo cuanto antes, con los insufribles productos autoficcionales que llenan las mesas de novedades de las librerías. Muy por el contrario, en su investigación lírica, Pedrosa se vale de la rica e inteligente metáfora del borrado, que aborda con elegancia y acierto desde distintos planos de la experiencia colectiva e individual.

Entre los referentes de *Proceso de autoborrado* se cuentan algunas de las corrientes más avanzadas del pensamiento contemporáneo. La Antipsiquiatría deleuziana, el Situacionismo, o las teorías de Umberto Eco que invocan los versos "Yo daba vueltas/en mi mente/apocalíptica/e integrada"; pero en especial la "tradición de vanguardia" –valga la contradicción–, inseparable siempre del principio de libertad. Es echando mano de este bagaje como *Proceso de autoborrado* se enmarca en el arte insurgente. Después de todo, sobra decirlo, en tanto tal la poesía de vanguardia no puede ser sino subversiva. Ya la propia noción de "autoborrado" recuerda la práctica vanguardista de los "nombres múltiples", cuyo origen se remonta al dadaísmo berlinés. Resurgidos alrededor de las últimas décadas del siglo XX en el contexto del Arte Postal, los nombres colectivos suponen un asalto a la identidad sacrosanta de los artistas, y un asalto, además, ligado a la "Huelga de Arte" que promovieron La Red Neoísta y el grupo Praxis, que posiblemente se cuente entre las últimas vanguardias de la historia. Salta a la vista hasta qué punto *Proceso de autoborrado* participa del espíritu de tabula rasa típico del Dadá.

Con todo, la idea de autoborrado no es la única estrategia vanguardista del libro que nos ocupa. También hallamos aquí el significante "proceso", que impregna el pensamiento de vanguardia desde sus más tempranas manifestaciones. Llamado a poner el énfasis en las prácticas y no en el resultado final de la obra, el recurso al proceso intentaba sustraer la actividad artística a cualquier pauta que la encadenara a lo acabado, lo genérico o lo fijo, con el fin de inscribirla en lo vivencial y lo experimental. Igualmente, *Proceso de autoborrado* se coloca, ya desde el título, bajo la advocación de lo procesual, cosa que de paso favorece esa participación lectora tan cara a la conciencia moderna.

El proceso que atraviesa este poemario se inicia en "El olor de la mudanza", dividido en tres "actos". En el primero, Pedrosa denuncia con ironía el nuevo discurso único que inaugura y legitima el más reciente modelo de realidad. Nada inusual en el capitalismo, si no fuera porque en los últimos años ha dado un salto cualitativo que, no por azar, nace en un panorama inédito de escasez de recursos materiales. Modelo de realidad, decimos, y no de gobierno o de mundo: un ingente trabajo de ingeniería social encaminado a "refundar" no sólo las leyes o las finanzas, sino también las conductas de la ciudadanía y hasta los modos de subjetivación. Es este trabajo de ingeniería lo que Pedrosa saca a la luz, sobre todo en el *Primer acto*. De entrada, denunciando la desactivación del componente autocrítico que en otro tiempo tuvieron algunas corrientes históricamente emancipadoras, como el feminismo o el ecologismo. Metáfora de la inocuidad de estas corrientes en su versión actual, es el disparo que en *Sociedad futura* equivoca al enemigo: "Dispararás a bocajarro/a los cojones de una rana/macho", "(con un mayor porcentaje/de proteína/y menor grasa/que la carne animal)". Claro está que semejante desplome programado no sería posible sin el colaboracionismo de ciertos actores sociales. Algunos son viejos conocidos, como los sindicatos y medios de comunicación, que señala el dedo poético del verso "Hay un programa/en La Sexta/que hace ~~seguimiento~~ de la Policía". Otros son grupos de poder en ascenso. Paradigmático entre estos grupos es el sector sanitario que, durante el confinamiento del 2020, "argüía/su aguja hipodérmica/como única razón". Tras este análisis minucioso del nuevo *statu quo*, el primer acto de *Proceso de autoborrado* cierra con el gesto sonoro de un simbólico bofetón.

Más intimistas son las piezas del "Segundo acto", que reflexionan sobre el complejo entramado de vacíos inherentes a la existencia humana, y a los que Pedrosa pone en relación con el nuevo modelo de realidad. Vacío imprescindible para asimilar las vivencias personales en el bellísimo poema *El olor de la mudanza*, donde leemos: "con tiempo/de integrar/los ruidos/que no digerimos". Vacío de la espera que deviene imagen de la pérdida de experiencia vital. Vacío de conciencia equivalente al del alma. Vacío de palabras en tanto último medio para resistir. Junto a ellos, la autora despliega una isotopía de lo que se deshace: huellas dactilares, acuarelas desdibujadas, humo, o términos derivados de las artes plásticas ("desvanecerte", "difuminado", "des-materializándote", "desvaída"). En realidad, la isotopía del vacío no es privativa de esta sección, y recorre el libro una red de lexemas contrafácticos: "Escribir/**sin** fuerza", "**no** llegará el diluvio a este desierto".

En contraste con el segundo, el "Tercer acto" tiene un perfil más beligerante. A la elegía se opone aquí una lucha valerosa. Porque ahora el sujeto, abocado a la soledad que siempre sufren los desobedientes, se niega a reconocerse entre aquellos que aplauden el nuevo orden mundial. Inspirados en el confinamiento del 2020, los poemas de este acto ponen sobre la mesa algunas circunstancias concretas que sostienen el nuevo discurso único. Circunstancias que Pedrosa presenta como manifestaciones de la muerte. La pretendida inocencia del ciudadano medio, amparada en una "Ostentosa mentira que tragan con un poco de azúcar los corazones frágiles"; la actual percepción "insalubre del cosmos" diseñado con toda probabilidad en los lobbys de las altas esferas; los itinerarios "marcados con tiralíneas" de la famosa "distancia social", que Pedrosa compara con las fronteras geopolíticas; la tecnocracia de "los códigos binarios" y "los planes de futuro", y sobre todo la ciencia que, vendida al imperativo económico, lo mismo sufre de "Osteoporosis emocional" que de "incongruencia iatrogénica". Ahora bien, si el sujeto contemporáneo está rodeado por estas manifestaciones letales, también tiene a mano manifestaciones de vida, que encarnan aquí en la metáfora de lo pasional como las "miradas cómplices" o "la voz al otro lado del auricular". Se diría, pues, que en *Proceso de autoborrado*, la pasión constituye una fuerza capaz de volverse contra "la muerte (que) nos susurra al oído" y reunir a los "afines que prenden la mecha que arde". Con esta idea se cierran los tres actos que forman la primera parte, y en los que la autora nos revela lo que ha cambiado y estaba oculto, precisamente "el olor de la mudanza".

La última sección, que da título al libro, está ocupada por un único poema. Se diría que aquí el yo poético se responde y nos responde a la pregunta por la identidad en relación con el mundo. Si en la primera sección del libro el borrado era todavía una imagen de la duda, la memoria o el desamor ("tu imagen se va borrando", leemos en el *Igual que el miedo*), en la segunda la necesidad de borrarse es literal, como anuncia el primer verso al decir "Posiblemente hoy/sea el primer día/de mi autoborrado". El esfuerzo inútil de Sísifo o Ícaro, el fallo informático que designa la palabra "Glicht", son símbolos del esfuerzo del sujeto por vivir en un mundo que se derrite "como los relojes/de Dalí". En estas condiciones, el individuo elige el autoborrado en un acto "consciente y voluntario", disponiéndose a un despojamiento absoluto que abarca los discursos más recónditos del poder. La pasión que aparecía en la sección previa, se une a esta "huelga" identitaria, como puede comprobarse en el verso final: "Pero tú y yo/nos decidiremos/de una vez por todas/a bajar los brazos/a soltarlo todo/y a pasar el resto/ de nuestras vidas simplemente/mirándonos a los ojos".

Los artistas-activistas que idearon la huelga de arte y los nombres múltiples buscaban desmantelar la noción burguesa de arte, evidenciar las jerarquías que rigen la actividad artística y, en suma, poner la industria cultural en "contradicción consigo misma", para decirlo con Alain Jouffroy. El fin último de estos designios no era estético, sino político: revelar el contenido latente que subyace a la dinámica cultural y que, entre otras cosas, encubre una guerra de clases. En consonancia con este propósito, *Proceso de autoborrado* se pregunta por el sentido oculto de los discursos hegemónicos del pensamiento actual. De ahí que cada poema del libro venga a ser una indagación urgente alrededor de las posibilidades y problemas concretos de una pérdida de soberanía que nos afecta a todos/as. Tarea ardua en la que Pedrosa hace gala de enorme valor, en un mundo donde cualquier disidencia se convierte en blanco de las injurias más absurdas e infundadas. Si como dijera André Bretón, la poesía ha de expresar lo oculto, si aún el arte puede cumplir con esa tarea, si todavía existen lectores y lectoras dispuestos/as a entender un libro como lugar del desvelamiento, entonces este manifiesto libertario, este poema ardiente que es *Proceso de autoborrado* supondrá para quienes se acerquen a sus páginas un antes y un después.

PROCESO DE AUTOBORRADO

Antes de la revolución
fue la poesía
y
después de la revolución
fue la poesía.

EL OLOR DE LA MUDANZA

Primer acto

Y sin duda nuestro tiempo... prefiere la imagen a la cosa, la copia al original, la representación a la realidad, la apariencia al ser...

La sociedad del espectáculo. Guy Debord

LAS MUJERES QUE [ME] PISAN

Los pasillos
los pasillos de las galerías
del hospital
o del claustro

los pasillos de la cotidianidad que aplasta
la inercia de correr de puntillas como las bailarinas
en el danzar continuo de la niña eterna

sacrificio en danza
carrera de obstáculos
la escalada y la cuerda
los zapatos rojos
del cuento

la luz
la luz angelical de la sonrisa
la luz de la ilusión de la mirada
las luces de flash
el relampagueo del alma
la muerte de Ícaro

mi luz que no se apaga
la oscuridad tóxica del mundo tóxico
las mujeres que pisan
con tacones de aguja y sonrisa de hiena

la luz
la luz de las pantallas
el parpadeo de vida de una metáfora
o de una libélula
correr, correr por los pasillos
huyendo de las hienas
o persiguiendo la luz

la luz artificial
de los fluorescentes de los pasillos
los pasillos de las galerías
del hospital
o del claustro.

SOCIEDAD FUTURA [con derecho a plagio]

Dispararás a bocajarro
a los cojones de una rana
macho
preñada de chapulines
verdes fluorescentes
[con un mayor porcentaje
de proteína
y menor grasa
que la carne animal].

Firmarás con el coño
en alto
y soplarás con lascivia
mientras le lames la oreja
a tu compañera
o a tu mascota.

ANTIPSIQUIATRÍA

¡No quiero violencia!
¡Quiero paz y amor!

[decía
bajo la rodilla
de un Nacional,
sin poder moverse,
suplicante]

¡No me pinchéis,
no me pinchéis!

[gritaba
mientras el 061
argüía
su aguja hipodérmica
como única razón]

Ya me calmo,
papi,
ya me calmo

[sollozaba,
un adulto de
unos treinta años
y más de metro ochenta]

Es mi hijo
No está bien de la cabeza
y ha tomado algo —respondía.

[4 personas no pudieron con él]

ORGASMO SECO

La mayoría de mis amigas
sienten más placer con mujeres.

En las páginas
de contactos online
hay gente de todo tipo.

¿Me trae la cuenta,
por favor?
Se me hace tarde.

[*Zoom in*
al brazo del pulpo
y la olla
de mejillones.

Fundido a negro]

TE LO EXPLICO

Los jubilados
no salen
con los sindicatos
ni las feministas
este primero de mayo.

Espera, que te lo explico…

Hay más drogas nuevas
que no saben
qué efectos secundarios
causan
ni qué reacciones
provocan.

Espera, que te lo explico…

Hay un programa
en La Sexta
que hace ~~seguimiento~~ de ~~la~~ Policía.

Espera, que te lo explico...

[¡Zas! –guantazo en la boca–]
¿Te lo explico?

Segundo acto

Entonces nos dimos cuenta de lo que sucedía: ¡la línea de fuego había llegado hasta nosotros!

El hombre en busca de sentido. Viktor E. Frankl

EL OLOR DE LA MUDANZA

Comenzar
como comienza
a desgranarse
el trigo
cuando el viento
gris
vapulea
la mies.

Esos días raros
en los que
te desorienta
el color del cielo.

Ese espacio-tiempo
en el que
se percibe
una densidad
eléctrica,

un presentimiento
que deja el sabor
de un extraño vacío.

Comenzar
como comienza
el río
a derivar

[gota a gota]
conforme camina
por los riscos

[hilo a hilo]
entre el verdor
fresco
de la primavera.

Con tiempo
de saborear

las letras
que teclean
los calígrafos.

Con tiempo
de integrar

los ruidos
que no digerimos.

Con tiempo
de asentar

imágenes
que nos golpearon
el alma
de una sacudida.

Yo, ahora.
Diez años antes

o después.

LO FÁCIL

No sé si la rigidez de tu cuello,
el desdén del rictus
de tu rostro,
el vacío rugiente
de esa piedra pómez
que vistes como alma,
se deben a la falta de amor,
el exceso de rectitud
o la ausencia de problemas
reales en tu vida.

Lo fácil
sería desearte
que alguna vez
tuvieras que pasar
tú
por esto que
yo
estoy pasando.

Lo fácil
es mirar
las noticias del periódico
en vez de mirarme
a los ojos
y ver.

FUERZA

Escribir
sin fuerza
como si para echar
a andar
los dedos
dubitativos
sobre el teclado
tuviera que
arrastrar
comulgando con
ruedas de molino.

Vivir
sin fuerza
como si para hablar
tuviera
que escribir
mil veces
en la pizarra
este grito
callado
en mi garganta.

Asomarme
a la ventana.

Dejar de asomarme
a vuestra ventana.

Para poder vivir.

Para poder tener,
de nuevo,
fuerza.

EN SILENCIO

En silencio,
los que vivimos
en silencio

y sonreímos
hacia afuera

y blanqueamos
la fachada

para que nadie vea.
para que nadie sepa.
para que nadie diga.

En silencio,
los que guardamos
compostura,

los que respetamos
y empatizamos,

los de la vergüenza,
esos tímidos
enfermizos que
tenemos en común
tantos sueños imposibles.

En silencio,
los que sentimos
el silencio

como golpes de vacío
en las entrañas.

Los que nunca
nos quejamos,

los que siempre
tenemos
la sonrisa dispuesta
para todos.

Algún día
—siempre
y necesariamente—

nos miramos,
nos agarramos
de las manos

—o de la mirada—

y gritamos.

Algún día
gritamos.

DONDE VIVIMOS

El calor que es lluvia
emborrona el maquillaje desvaído
de las lágrimas
en tus pestañas,

las pinturas de guerra de tu rostro.

Las nubes tiñen
de amarillo sucio
el sepia
de los recuerdos
de aquel día,

cuando elegimos hogar
por primera vez

y la música
nos despertó del letargo
dándonos
la bienvenida.

Hoy dormimos
mientras llueve

y el calor limpia
con el sudor
nuestras pieles descalzas.

En unas horas pisaremos
la piedra
de hace siglos
para compartir poesía
a modo de despedida del naufragio.

No llegará el diluvio a este desierto
naif
donde vivimos.

ALGO PRESTADO

Miraba el libro prestado
inspeccionando
cualquier posible atisbo
de huellas o dobleces.

Escudriñaba
hasta en lo imperceptible.
Y cada vez que lo miraba
parecía aparecer
una nueva marca
que no existía antes.

Hasta empezó a dudar de que
estuviera nuevo realmente
cuando llegó a sus manos.

Observaba
las huellas dactilares
como si pudiera saber
si eran suyas
o del dueño.

En unos días, también,
revisará el hogar
que habitó
por cinco años.

Y sentirá
la misma inquietud
miedosa
que causa
la responsabilidad
y el pudor de la culpa.

Seguramente tampoco
lo devolverá inmaculado.

Al fin y al cabo,
la vida mancha.

ERAN

Eran momentos de espera,
incertidumbre y paciencia.

El estómago rugía
con el ansia viva
de dibujar el destino
lo antes posible.

El tiempo pasaba
denso y lento,
como lo era el calor
de aquel agosto.

La vida era mañana...
Y quizás esa era la lección
no aprendida.

HOY LA VIDA ES VÉRTIGO

Como se va apagando la tarde,
la esperanza,
el valor,

la poesía, las ganas.

Como se va nublando el cielo
de este febrero
del sur,

del este,
que parecía primavera y ahora es otoño.

De la misma manera que el eco
de los recuerdos
de risas,

de luz, de fuerza

o el aturdido sentido del olfato, del gusto
o el tacto.

De la misma manera sorda
en que mi oído,
un constante zumbido en voz baja,

se niega a verme,
se olvida
de la consciencia de mí misma

y me borra la estabilidad,

como se van desdibujando las acuarelas
que nunca aprendí
a pintar,

el pigmento, la identidad,

la palabra segura
y contundente.

IGUAL QUE EL MIEDO

Y entonces
veo
cómo comienzas
a desvanecerte,

difuminando tus contornos,
des-materializándote

átomo
a
átomo.

Tu imagen se va borrando,
cada vez más desvaída,
como una seda tenue

que ya no guarda
corporeidad
ni forma,

hasta volverte
fantasma,
sueño
o humo.

Y ya no eres,
ni serás,
ni has sido.

No estás.
Te has borrado de mí.
Igual que el miedo.

Tercer acto

Los sentimientos no podían cambiarlos; es más, ni uno mismo podría suprimirlos. Sin duda, podrían saber hasta el más pequeño detalle de todo lo que uno hubiera hecho, dicho o pensado; pero el fondo del corazón, cuyo contenido era un misterio incluso para su dueño, se mantendría siempre inexpugnable."

1984. George Orwell.

A BOCADOS

A bocados, la muerte nos susurra al oído.
En el sueño interrumpido
por la ola de calor y los ruidos de la calle.

En la agitación
o el pálpito
de la inquietud que provoca
la lejanía del instinto.

En la incomprensión,
la rabia y la frustración
de las primeras noticias.

A bocados, arrancamos trozos a la vida.

En las miradas cómplices
o el infraleve pulso al apretar,
algo más fuerte de lo normal,
tu mano con la mía.

En la voz al otro lado
del auricular del teléfono,
a pesar de las interferencias.

A bocados, la muerte
se empeña en estar presente.

En el bullicio sollozante de la sala de espera.
En el silencio de los rostros cansados.
En las tribulaciones internas
de quienes mastican despacio,
y hacia adentro,
sus vaticinios personales.

En las mentiras piadosas.

La rabia, los colmillos,
las fauces con ansia de vida.

La serenidad,
la huella tranquila
de la asunción de lo inesperado.

El desconsuelo,
que siempre será
desconsuelo.

Las letras, los códigos binarios, los planes de futuro.

Los compromisos,
el éxito, los sueños,
capa a capa,
arrojados al suelo

como el camisón.

Revueltos,
y en la noche,
henchidos de pasión y esencia,
arrancándonos la muerte.
Aquí y ahora. A bocados.

NO PERTENEZCO

Ya no tengo casa.
No reconozco al mundo.
Esta no es mi familia.

No pertenezco.

El tránsito celeste
vuelve a la noche
vacío.

Hoy es la oscuridad.

La luz respira hibernando
su sueño de primavera.

DISTANCIA SOCIAL

Es fácil caminar
mientras descarga
el oleaje
su lluvia
incandescente
sobre tu espalda,

con la sonrisa
recta,
la mirada en el suelo
y los pulgares tensos.

Es fácil caminar
sin perspectiva
[ahora
que el futuro
se diluye]

con objetivos
claros
[a 5 o 10 minutos]
marcados
con tiralíneas

como en el mapa
el cruce de fronteras
entre Mali y Argelia.

Calcular la distancia,
la velocidad del cruce de miradas,
el volumen de encuentros.

Llegar,
pidiendo perdón
o permiso.

Sin juicio,
por favor,
sólo venía
a comprar
un paquete
de galletas.

Sin sentencia.
Por favor,
sin sentencia.

Es fácil volver
a casa con el sol
dando en tu espalda.

Con el peso
de las miradas,
[de esos ojos
ahora
más visibles]
sobre tu espalda.

Los puñales
sobre tu espalda.

El peso de la sociedad,
la libertad y la vida.

Correr,
pidiendo perdón
o auxilio.

No me grite
por favor,
lea el BOE
por favor.
Y biología,
ciencia,
sociedad
y poesía.

Lea.
Por favor,
lea.

Por fin en casa.

La llave en la cerradura,
la mirada en el suelo,
atenta al próximo escalón.

El ascensor aséptico
[sin compartirte
sin vivirte]

El miedo del encuentro en la escalera.

Ha sido fácil,
sólo un momento
ahí afuera.
[En casa, ya estás en casa.
Por fin en casa]

Sí, ha sido fácil.

Mañana volverás a intentarlo.

Proceso de hibernación [Un mal sueño]

Se repite como un dogma una y otra vez. Su superioridad moral paternalista. La madre patriarcal que no valida la percepción del recién nacido. Luz de gas. No quiero volver a sentirme violenta ni violentada.

Se repite como un dogma una y otra vez. Ostentosa mentira que tragan con un poco de azúcar los corazones frágiles. ¿Son ellos parte de mí?: quienes dicen que soy un peligro para sus vidas, quienes se apartan mientras no les afecte a ellos.

Y yo sólo sé crear autopoiesis. ¿Podría el corazón resignarse a separarse del pulmón y seguir respirando?, ¿existe en la materia la cualidad de no afines?, ¿realmente las células boicotean a otras células creando enfermedades?, ¿existe la posibilidad de soplar magia e inundar de amor todo lo equidistante? No puede este desequilibrio vital ser la expresión de lo insalubre del cosmos mientras mi ser brilla limpio y sano. No puede este exterior de injusticia y podredumbre ser reflejo de mi yo más escondido.

Las lágrimas de impotencia y desesperación afloran cada luna llena. Se siente tan solo el corazón cuando las articulaciones, comprimidas por las fascias, sólo cumplen los dictados del cerebro, inmóviles, artríticas, asustadas. Se constriñen, se duelen, hacen daño. Lengua voraz que escupe fuego.

Ruido mental e imaginal. Como un androide, con mi cuerpo-máquina. Resuelvo. Doy comprensión y cariño. Doy calma y luz. Soy calma y luz. Nadie me comprende.

Resuelvo. Todo está en su sitio. Camino mientras la cápsula de cristal y arena se mueve a mi alrededor. Corteza artificial con la que no me identifico. No puedo sacudirla con un simple movimiento de cabeza. Está ahí. Está ahí y no se va. Yo quiero que se vaya. Yo quiero despertar de este mal sueño y llenarme los ojos de ilusiones.

Mi cotidianidad desnuda quiere ser piel y apartarse. La luz clama internamente. Se manifiesta en sueños, mezclando dimensiones espacio-temporales. Mi luz interior quiere expandirse y manar cual magma volcánico. Vomitarles a la cara los silencios enquistados.

Yo quiero destruir. Dar fin a los procesos que me eclipsan el alma. Desembarazarme de las ataduras. Quiero que se vayan. Quiero que se vayan. Imagino que se van. ¿Se han ido?

El telediario impregna de veneno las almas con las que convivo. Mis allegados sufren. No hay nadie que acompañe. Estoy sola y tiemblo. Actúo, como un androide, con mi cuerpo-máquina. Resuelvo.

¿Qué sentido tiene intentar construir debate y pensamiento, si me van a encerrar y a cancelar, si no podré acceder ya siquiera a la imagen reclamo de sillas vacías?, ¿quiénes son ellos?, ¿dónde están?

¿Para qué intentar unir apoyos comunes, si me tendré que apartar de la avidez de quienes confunden altruismo con la sobreexplotación de mis recursos? La explotación de la Madre

Tierra, la diosa improfanable y creadora a la que escupen y tiran piedras.

Y si todo esto mañana ya no va a existir, ¿para qué tanto esfuerzo?

Mi sufrimiento surge de la impotencia de la no acción. ¿Cómo equilibrar la luz y la lucha?, ¿cómo mencionar la palabra lucha sin volverme invisible, mudos mis interlocutores? Si lucha significa intentar que nadie impida con sus manos de hierro el manar fluido de la luz que me gesta, me crea y me recrea. Que nadie sofoque el latir del fuego, necesario en la forja del demiurgo de la vida. ¿Cómo negar el fuego?, ¿cómo volver la cara ante la luz?, ¿cómo silenciar a la música del alma cuando la distorsionan las interferencias voraces de la mentira global?, ¿y si no soy yo quién permanece en la caverna?

Mi realidad-instante es ya ecuánime y asume con resiliencia los cambios mundanos. Pero quizá no me creo aún que soy capaz de borrarlo, yo sola, sin ayuda, como si todo fuera un boceto.

Sigo sin sacar tiempo para fotografiar cimientos de rascacielos, antes de que los destruya mi poder imaginal. Sigo sin tener afines para vivir la emoción al grito de "basta ya", para escupir la obediencia como un caramelo amargo en la cara de quien mantiene la sonrisa impertérrita e inconsciente. Aquellos que se dejan tapar la boca y profanar el cuerpo y el alma.

La energía que soy como individuo quiere mezclarse con afines que prendan la mecha que arde. La comunidad que me guía sólo apaga mis impulsos. Soy torrente vital retenido por un muro de hierro y cemento. Quisiera tener visión de fuego y hacer arder todo lo sensible. Borrar, barrerlo todo de una vez por todas. Dejadme en paz. Dejadme en paz de una vez.

Dormir, luego, diez meses, mientras la vida parte de su esencia única. Darme a luz, nacer y renacer. En el espacio multidimensional del sueño que no llega.

Dormirme frente al mundo que me escupe como veneno. Ese mundo que es veneno para mí. Encontrarme un nuevo mundo al despertar. Y comprobar, aliviada, que todo fue un mal sueño.

PROCESO DE AUTOBORRADO

I

Posiblemente hoy
sea el primer día
de mi autoborrado

Punto a punto
línea a línea

De derecha
a izquierda

En sentido
inverso
a las agujas
del reloj

321

Glicht

II

A la mierda
(con perdón)

III

Cuando Sísifo
se derritió al acercarse
al sol

Ícaro
intentaba
una vez más
subir
de nuevo
la escalera

IV

No es importante
—me decías—

Yo daba vueltas
en mi mente
apocalíptica
e integrada

El mundo se derretía
como los relojes
de Dalí

[La quimioterapia
está contraindicada
en pacientes
con el sistema
inmune
crítico

Los antibióticos
arrasan
con las colonias
de bacterias
que componen la vida

Infección hospitalaria
Incongruencia iatrogénica]

Lo importante
—niña de luz—
no está ahí afuera

Y ellos no lo saben
No lo saben
Ellos no saben nada
Yo tampoco lo supe a tiempo

V

Quizá dejar
para después
la córnea

el posible desprendimiento
de retina

el inicio de cataratas
la herencia
de Glaucoma

Quizá seguir
uniendo letras
sumando horas
cumpliendo normas
ensayando muecas
de sonrisas forzadas

como si aquí
no pasara
absolutamente
nada

Quizá seguir
sosteniendo los días
reforzando
los músculos
y la resiliencia
para nadie
para nada
para niños
sin futuro
para adultos
sin trabajo
ni amor
ni esperanza
ateridos
de miedo
confusos
alienados
perdidos
tristes

tan tristes

amordazados

Quizá dejar
para después
mis ojos
al fin y al cabo
no sea para tanto

Quizá dejar
de estar ciega
sea en cambio
el peor
de los castigos

VI

Me hubiera gustado
poder hablarte
de autopoiesis

De Simone Weil
Casilda Rodrigáñez
Lynn Margulys

Pero tú sólo escucharás
Simone de Beauvoir
Alexandra Kolontai
Khamala Harris

VII

Tenías razón
Yo no soy Hipatia

VIII

Dejar la cama sin hacer
Desenvolver la inercia
para regalo
y dedicar
una mañana entera
a acariciarte

IX

Cabezas de pescado
humeando
espíritu
de fuegos
fatuos
mezcladas
con los recuerdos
de playa
que ya no existen

Las raspas
malolientes

de los restos antiguos

Los barrios olvidados
y los burgueses
de ahora
en la foto de los telediarios
de pueblo

Proyectos
de rascacielos
pisoteando chabolas
con alardeo
de acento andaluz
y risa de señorito

Convocatorias
institucionales
a dedo
o a migajas
y ojos desorbitados
que imploran
como acuden las palomas
al puñado de migas
en el Parque del Oeste

A patadas y con sigilo
se me borró del mapa

Pedí Epidural
para la vida

y ahora no sé
ni a dónde pertenezco

X

Recuerdo el descubrimiento
de una marca de bolígrafos
que no permitían
cometer errores
de tinta indeleble

Replay
(esto ya lo he vivido antes)

XI

Me pasé los años
esperando a que crecieras
Para poder regalarte pensamientos
que nunca habías pensado

Ahora me paso los días
esperando a que los medios
y el gobierno
me den permiso
para poder tocarte

El problema es que mientras
se nos acaba la vida

Y tú no sabrás ni quién soy
cuando vuelvas a verme

XII

Vas de un lado a otro del balcón
como quien enreda la madeja
que se ha desbaratado

entrenando tus piernas ancianas
mientras mantienes
fuerte tu corazón a pesar del miedo

Yo paso fugaz
de vuelta de la otra vida
y con los ojos empañados
en lágrimas de no verte

En la otra casa
tu hermana
resiste otras tormentas
a su manera

Siempre fuisteis
tan distintas

Nada es peor que soportar
el hambre
el desprecio
la muerte
o el engaño

Pero esto
os ha pillado mayores
y merecíais la calma
tras tanta vida difícil

Tendrán que asumir
el riesgo
de tu cuerpo fuerte
y sano
frente a la muerte inyectada
que nos imponen

Que tú la vivas como una salvación
no me consuela

Tengo miedo de no tener más tiempo
para abrazarte

si esto realmente no acaba nunca

XIII

Tu dolor
se me impregna en cada pliegue gris

a 360 kilómetros
por hora

[parte
de la materia
del caos autoinmune
de mi alma

parte
de la materia
de mis huesos frágiles]

Degenerando células
y arterias

Porque
soy tú

y tu esencia
se ha olvidado de ti mismo

Mi autoborrado
parte de tu inercia
de apoptosis programada

Desbordando la presión
por encima de 120 hectopascales

Osteoporosis emocional
Hipertensión o disnea

el trayecto lineal del sismógrafo
que no late
y que nunca miente

El bocado se atraganta
El óleo se diluye en trementina

Y se me derrite tu autoabandono
por dentro
Tu ceguera se acumula en decibelios de gritos
de impotencia en mi estómago

como gritos de gaviotas confinadas
en un cielo congelado
de plastinieve eterna

Y vuelvo a dormir
vuelvo a huir
y me envuelvo

Desprendimiento del mundo
en la retina

XIV

A la mierda el techo

XV

Tengo tantas carpetas
de conocimiento acumulado
que no es más que vapor de aire
para aquellos a quienes quiero

que voy a borrarlas inmediatamente
de todos los discos duros

Junto a mi identidad
mis ansias de libertad
y mi intención de trascendencia

Como los peces pensadores de mi cuento

en un acto
de autoborrado

consciente y voluntario

por si algún día sirviera
para salvar al mundo de esta farsa

Sé que de esta manera
tampoco me tendrá en cuenta nadie
y todo quedará en mis genes
no replicados
hasta ser ceniza viva

Pero tú y yo
nos decidiremos
de una vez por todas

a bajar los brazos
a soltarlo todo

y a pasar el resto
de nuestras vidas simplemente
mirándonos a los ojos

con este amor infinito
que aprendimos
a valorar
y a comprender

cuando ya era demasiado tarde

XVI

A la mierda el techo de cristal

ÍNDICE

Proceso de autoborrado, cuarta referencia de la colección **Poesía por otros medios**, se terminó de imprimir en junio de 2024, 90 años después de la publicación de las *Reflexiones sobre las causas de la libertad y de la opresión social* de Simone Weil.